AF562900

LES PÉRÉGRINATIONS

DE

PA-PIERRE LOUIS.

ÉTUDES DE MŒURS COLONIALES.

Première partie.

Par

VICTOR GRENIER

Prix : 1 franc 25.

Typ. P. Campan, Saint-Denis, (Réunion)

1878.

LES PÉRÉGRINATIONS

DE

PA-PIERRE LOUIS.

C'était en l'an de grâce mil huit cent soixante dix-huit, dans les premiers jours du mois d'octobre, le citoyen Pierre-Louis se croisa les bras devant la porte de sa case, située au pied du Bernica, et se dit en lui-même : il faut pardieu que j'aille voir ce qui se passe actuellement à Saint-Denis. Il paraît que les choses vont là-bas à toute vapeur sur la grande voie du progrès et de la civilisation. J'entends parler de Port, de Chemin de fer, de Courses, de Théâtre, de Progrès intéressants ; le Grand Conclave s'ajourne pour couver les réformes les plus admirables ; il faut aller voir tout cela. Alors, Pa-Pierre Louis prit son bâton de voyage, et descendit la montagne.

Au bout de quelques heures, il se trouva sur la grande route qui mène de St-Leu à St-Paul. Un voyageur attendait le passage de la diligence pour se rendre dans ce dernier quartier. Bientôt se fit entendre le bruit des clochettes des mulets qui occupe tout la voiture publique. Le voyageur fait signe au cocher de s'arrêter. — Il n'y a plus de place, dit le conducteur, en faisant claquer son fouet avec cet air républicain qui caractérise les cochers de la partie sous-le-vent, quand ils ont déjà passé dans plusieurs cantines.

— Comment ! il n'y a plus de place, répondit le voyageur ! Mais je ne vois que trois personnes dans votre voiture qui contient huit places ! — Qu'est-ce que cela vous fait, dit le cocher, si toutes les places vides sont louées par des citoyens qui veulent être à leur aise, et ne pas voyager avec la canaille. — Mais à ce compte là, insista le voyageur, celui qui a de l'argent peut intercepter le service des voitures publiques ! Citoyen cocher, cela me parait tout à fait abusif, et vous conviendrez qu'en temps de république, de semblables choses ne devraient pas se passer. Est-ce qu'il n'y a pas un règlement sur les voitures publiques à l'île de la Réunion ? —

Sans attendre plus longtemps, le cocher continua à fouetter ses mulets, laissant le voyageur et Pierre-Louis au loisir de réfléchir sur le respect avec lequel on observe les règlemens en temps de république.

« Ma foi, ce que nous avons de mieux à faire,

dit Pa-Pierre Louis pour conclure, c'est de continuer notre route à pied, — si nous allions porter plainte, nous ne serions probablement pas écoutés, les conducteurs de voitures sont des gens fort influents dans les élections, il faut autant que possible éviter de les froisser, on dit qu'il y en a qui sont en correspondance suivie avec nos représentants dans la métropole.

— Votre avis me semble bon, dit le voyageur, continuons notre route à pied, sans faire de réclamations inutiles ; quand on rencontre sur son chemin un protégé de notre Sénateur ou de notre Député, ce qu'il y a de plus prudent, c'est de lui céder le haut du pavé, et même tout le pavé si c'est possible : on admirait autrefois ceux qui avaient le courage de faire de l'opposition ; mais aujourd'hui c'est différent, et il faut bien se mettre dans la tête que toute vérité n'est pas toujours bonne à être dite.

Pa-Pierre Louis et son compagnon furent bientôt arrivés à Saint-Paul. Tiens, tiens, tiens ! s'écrièrent-ils en se promenant dans les rues de la ville, que c'est triste ici ! — Voyez ces maisons inhabitées et qui tombent en ruines ! On ne trouve pas à les vendre pour la dixième partie de leur valeur réelle. Saint-Paul est devenue une véritable nécropole : ce n'est plus, d'après la pertique expression de M. Emile Bellier, la molle cité assise au bord de la mer au pied du Bernica. A qui ce beau pays doit-il sa décadence ? Faut-il accuser son administration municipale ? — Qui sait ? — On pensait cependant qu'avec la magnifique représentation que le suffrage universel lui a donnée au Conseil général, Saint-Paul ne manquerait pas de se relever ; car enfin son maire Pingouin est un spécimen remarquable dans le genre administratif, ses autres représentants, Gilles Grosse Panse, Hébert, et le citoyen Longuemen ne laissent rien à désirer sous le rapport de ces heureuses facultés physiques et morales qui rendent l'homme aimable et le cavalier charmant. Il faut donc attendre, dit Pa-Pierre Louis, et Saint-Paul renaîtra de ses cendres. Dans quelques années, nous aurons le Port et le Chemin de fer et la prospérité renaîtra sur le bord de l'Etang !

Hélas ! répondit l'autre voyageur, on s'était bercé de douces illusions ; mais on commence maintenant à se rendre compte du résultat que la ville de Saint-Paul doit espérer de la création du Chemin de fer et du Port de la Pointe des Galets. L'enthousiasme saint-paulois, est désormais refroidi à l'endroit de cette vaste entreprise.

D'aucuns s'étaient imaginé que la compagnie du port et du chemin de fer serait pour eux une espèce de vache laitière dont ils n'auraient eu qu'à presser les puissantes mamelles pour se nourrir et s'engraisser avec leurs parents, leurs amis, leurs femmes et leurs petits. Il paraît qu'il y avait eu des promesses magnifiques faites par M. Pallu de la Barrière. Aussi lorqu'on annonça l'arrivée de M. Lavalley dans le pays, beaucoup de bons saint-paulois crûrent franchement que leur fortune était faite. Leur joie se manifesta par des fêtes pleines d'enthousiasme. Il y a eu, pour fêter l'arrivée à Saint-Paul des illustres ingénieurs du port, des arcs de triomphe, des sérénades, des illuminations et des pétards, sans compter les banquets pantagruéliques et les faits culinaires de toutes les catégories. Le conseil municipal représentant une population décimée par la faim et la misère, n'a pas hésité à voter une somme de dix mille francs qui devait servir à un gala monstre offert à M. Lavalley le jour où on devait poser la première pierre du port.

C'était logique, on comptait recevoir beaucoup de la compagnie du port et du chemin de fer: Donnant, donnant ! — D'abord Saint-Paul devait voir son commerce considérablement accru par les consommations que feraient immédiatement les ouvriers de la compagnie. Les marchands de tissus, les épiciers et les cantiniers se faisaient des châteaux en Espagne, et cherchaient déjà l'emploi des sommes folles qu'ils devaient empocher. D'autres spéculateurs, plus élevés dans la hiérarchie de la société saint-pauloise se berçaient de l'espoir d'avoir de bonnes places, bien rétribuées par la compagnie, pour eux, leurs parents et leurs amis.

Hélas, hélas! On a bien raison de dire qu'il ne faut jamais compter sans son hôte! Il s'est trouvé que cette compagnie qui devait faire tant de largesses, n'attache pas comme on le dit vulgairement ses chiens avec des saucisses, c'est-à-dire qu'elle est considérablement économe. Alors au lieu de laisser aux marchands de tissus et de comestibles, qui payent patente à Saint-Paul, le bénéfice des fournitures faites aux ouvriers du Port, elle a préféré garder ce bénéfice pour elle-même, se chargeant de faire elle-même à peu près toutes les fournitures. Si ce fait est vrai la compagnie sera sans doute obligée de payer patente comme les marchands ordinaires, et le citoyen Gabriel Lahuppe qui a, paraît-il, mandat pour cela, se chargera bien dans une interpellation spéciale, de demander pourquoi M. Lavalley, au nom qu'il agit n'est pas imposé comme marchand de comestibles, de salaisons et de liqueurs fortes.

Quoiqu'il en soit voilà les marchands de Saint-Paul singulièrement refroidis dans leur enthousiasme pour la compagnie du Port et du Chemin de fer. Ils se proposent dit-on de présenter à ce sujet leurs très-humbles remontrances à leur maire Pingouin et à leur représentant Gille Grosse-Panse, lesquels leur ont toujours dit et soutenu que la Compagnie du Port et du Chemin de fer devait faire leur félicité immédiate et future.

Appelés sur ce terrain, les illustres personnages que nous venons de nommer, ne manqueront pas de répondre :

« Eh ! Bon Dieu, chers concitoyens, nous comprenons très-bien vos griefs, et nous sommes admirablement placés pour les apprécier, ayant été nous-mêmes dupes de notre imagination dans cette affaire. Il était sans doute naturel de penser que si la compagnie du port et du chemin de fer avait besoin, d'un médecin et d'un notaire, elle prendrait l'un et l'autre à Saint-Paul, à d'honnêtes conditions. Eh bien, qu'est-il arrivé ? — Vous le savez hélas ! trop bien, le notaire de la compagnie a été choisi à Saint-Denis, et vous savez si c'est un républicain radical qui a mérité la confiance de M. Lavalley.

Quant au médecin qui ne peut pas manquer

d'être très occupé au service de la Compagnie du Chemin de fer, on prétend qu'il en viendra un de Paris avec un engagement spécial. Voilà comme nous avons été traités chers concitoyens et vous savez cependant quel a été notre dévouement pour notre Port et notre Chemin de fer. Mais que voulez-vous ? — Notre rôle est désormais fini. On n'a plus besoin de nous. On nous laisse de coté, c'est tout simple, nous devons nous consoler et rentrer dans notre coquille. Nous avons tiré les marrons du feu d'autres les mangeront à notre nez et à notre barbe. Ce n'est pas la première fois que pareille chose arrive : Vous connaissez les fameux vers latins.

Sic vos non vobis... etc.

Cependant Pa-Pierre Louis ne voulant pas s'attarder plus longtemps dans les rues de Saint-Paul reprit sa route du côté de la Possession pour se rendre à Saint-Denis où il avait hâte d'arriver.

Il traversa rapidement la cour de la Mairie, théâtre des exploits du docteur Jean Pingouin, lequel a succédé avec tant d'éclat au docteur Inspirato de célèbre mémoire. Ce pauvre docteur Inspirato ! Après avoir détruit l'estacade du bout de l'étang et avoir introduit la fine fleur de la voyoucratie dans l'administration municipale de

Paul, il a été laisser ses os à Madagascar. conservateurs l'ont détrôné sous prétexte qu'il lui manquait une feuille dans le cerveau et l'a remplacé par Jean Pingouin. On a depuis , ainsi que le dit la chanson de la fille de Angot, que

Ce n'était pas la peine, assurément,
De changer de gouvernement.

Pa-Pierre Louis jeta en passant un regard sur le bureau du télégraphe de la partie sous-le-vent qui vient de sombrer sous l'habile direction de ses administrateurs. Voilà ce que deviennent chez nous les institutions de progrès ! Le despotisme les mange, l'intérêt personnel les dévore, et l'incapacité des chefs finit par les faire complètement disparaître.

En sortant de la cour de la mairie, Pa-Pierre Louis ne fut pas peu surpris de rencontrer une troupe de jeunes noirs de sa connaissance qui venaient de prendre leurs cartes d'électeurs pour voter aux prochaines élections municipales qui auront lieu dans les premiers mois de l'année . M. le Maire est, à ce qu'il paraît, un à précaution, il a fait inscrire sur les listes électorales tous les jeunes Cafres, Malgaches ou Indiens nés dans la Colonie et qui viennent d'atteindre leur vingt-et-unième année.

La précaution peut être bonne, mais est-elle bien conforme aux dispositions de la loi ? — Sans doute tous les individus nés sur le territoire français, même de parents étrangers, ont le droit de réclamer la qualité de français dans l'année qui suit celle de leur majorité; mais il faut que ces individus réclament cette qualité, et il est triste de voir des candidats aller chercher, dans tous les coins, des fils de cafres et de malgaches pour arriver à diriger en leur faveur les manifestations du suffrage universel. Un pareil procédé fût-il légal, serait pour le moins anti-colonial. On parle de moraliser le suffrage universel dans la colonie, ce n'est certainement pas en employant de tels moyens, qu'on parviendra à atteindre ce but si désirable.

En sortant de la mairie, Pa-Pierre Louis se dirigea vers la chaussée, et suivit cette longue et magnifique avenue qui borde l'étang depuis les environs de l'église jusqu'aux trois ponts. Arrivé à cette limite du quartier de Saint-Paul, il tourna à gauche et descendit vers la mer dans cette plaine aride habitée par les Bolons. Là se trouve une population nombreuse de jeunes artisans vivent un peu en dehors de la civilisation. Ce sont des hommes forts, ouvriers à leurs heures, vivant ordinairement du produit de leur pêche, et travaillant quand il leur plaît.

En arrivant dans cette localité, Pa-Pierre Louis fut assez surpris de n'y rencontrer que des femmes et des enfants avec quelques vieillards auxquels l'âge ne permettait plus de travailler ; tous les hommes valides étaient absents.

Un vieux Brion qu'il rencontra devant sa case lui donna l'explication de ce fait. Presque tous nos hommes, dit le vieillard, sont actuellement à la Pointe des Galets employés aux travaux du port. — Ah ! dit Pa-Pierre Louis, au moins pour vous autres, l'entreprise du port et du chemin de fer vous aura servi à quelque chose ; vous aurez pour longtemps un travail rémunérateur. — Oui et non, répondit le vieux Brion ; la compagnie paye sans doute très exactement les travailleurs qu'elle emploie, mais le salaire qu'elle donne n'est pas toujours assez ré[illegible], surtout quand on considère dans [illegible] conditions doit se faire le travail deman[illegible] les hommes touchent en moyenne de [illegible] à deux francs cinquante par jour, [illegible] être fort beau dans des conditions or[illegible] mais cela ne suffit pas quand on pense que les travailleurs doivent séjourner sur les lieux où s'exécutent les travaux, dépuis le lundi matin jusqu'au samedi soir. Ils sont pour ainsi dire emparqués à la Pointe des Galets, et le père de famille est alors obligé de faire les frais de deux ménages, un pour lui-même et l'autre pour sa femme et ses enfants qui sont restés à la case. Joignez à cela que le créole aime par dessus tout la liberté et qu'il préfère travailler à ses heures, au risque même de gagner beaucoup moins. Cela le rend à peu près impropre aux travaux réguliers et continus qu'exige avec raison la compagnie. Il ne faut pas s'étonner alors si les ouvriers du pays désertent peu à peu les travaux du port et du chemin de fer, surtout sous la surveillance des maîtres et contre-maîtres qui sont venus de France et qui ne se gênent pas beaucoup pour rudoyer ceux qui sont placés sous leurs ordres. En France, l'ouvrier est fait à un travail régulier qui est incompatible avec les habitudes créoles. Il faut donc penser que l'entreprise de M. Lavalley ne sera menée à bonne fin que lorsque cet illustre ingénieur se sera procuré des travailleurs étrangers en quantité suffisante. C'est une vérité fâcheuse à constater, mais qu'il faut bien reconnaître pour renoncer à toutes les illusions qui ont entouré à son origine cette grande et patriotique entreprise de la création d'un port et d'un chemin de fer à l'île de la Réunion,

Mais si la compagnie du port et du chemin de fer n'emploie pas exclusivement pour l'exécution de ses travaux les ouvriers du pays ; si elle tire de l'extérieur toutes les fournitures qui peuvent lui être nécessaires; si elle prétend bénéficier à l'exclusion du commerce local sur tous les objets de consommation vendus aux ouvriers; si elle entend en un mot, faire partout et toujours ses affaires, est-ce à dire pour cela que l'entreprise à la tête de laquelle se trouve M. Lavalley ne soit pas pour le pays une grande et utile entreprise ?

Qui pourrait soutenir une semblable monstruosité ? Qui pourrait dire que la création d'un chemin de fer et d'un port, surtout d'un port, ne soit pas pour la colonie un bénéfice inespéré, un avantage incalculable à tous les points de vue? Question d'intérêt matériel, question d'humanité, question d'avenir, question de progrès tout est compris pour nous dans cette vaste entreprise du port et du chemin de fer.

Il faut être aveugle pour ne pas voir les conséquences de cette gigantesque entreprise sur l'avenir de notre colonie. Le progrès amène le progrès. Le port de la Pointe des Galets a rendu nécessaire la création du chemin de fer de Saint-Pierre à Saint-Benoit. La compagnie du port et du chemin de fer donnera naissance à d'autres compagnies qui viendront créer des usines centrales pour la fabrication des sucres, et à d'autres compagnies encore qui viendront doter notre sol d'un vaste système de canaux d'irrigation pour les besoins de notre agriculture. Puis, le progrès nous poussant toujours, nous éprouverons le besoin d'être en rapport immédiat avec le monde entier et nous aurons le télégraphe sous-marin ! Dans quelques années peut-être le pays, aujourd'hui si éprouvé, peut changer complètement de face et c'est l'entreprise de M. Lavalley qui aura donné l'impulsion à cet immense mouvement qui ramènera la splendeur et la fortune de notre île.

Il faut tout attendre de l'avenir et des efforts de la science; mais il ne faut pas pour cela, se laisser emporter à un enthousiasme sans limites.

Enthousiasme pour les idées, oui ! — Pour les hommes, non ! On a beaucoup trop adulé, flatté et flagorné les hommes éminents, sans doute qui sont à la tête de l'entreprise du port et du chemin de fer de la Réunion. Pour nous, nous nous inclinons devant ces hommes, parce qu'ils vont faire une grande chose mais cela ne nous empêchera pas de leur dire franchement la vérité avec la plus complète indépendance.

Quand Pa-Pierre Louis eut terminé sa conversation avec le vieux Balon, il reprit la grande route qui mène à la Possession, et après avoir passé la Rivière des Galets, il se dirigea vers la Pointe pour se rendre compte du commencement des travaux.

Avant d'arriver sur les lieux de l'emplacement du port, il vit venir des hommes qui s'avançaient vers lui en criant : — n'approchez pas ! n'approchez-pas ! La vue des travaux est interdite au public. C'est comme la partie sacrée du saint Temple où il n'est pas permis de pénétrer; du moins sans la permission du Grand Prêtre qui réside à Saint-Denis, rue de Paris no 53 — Allez donc demander la permission écrite de M. Blondel — Plus souvent ! dit Pa-Pierre Louis, que je ferais pour cela quatre-vingts kilomètres, aller et retour ! — Sans compter qu'il paraît que ce blond et illustre ingénieur, est tant soit peu grand seigneur et qu'il n'est pas facilement abordable pour le pauvre monde. Mais pourquoi donc empêche-t-on le public de regarder en passant les travaux du port et du chemin de fer ? Il paraît que M. Gilles Crestien lui-même n'a pas été reçu à la Pointe en compagnie de quelques amis qu'il avait invités et aux quels il se faisait une fête de montrer le tracé provisoire de son port ! — O vicissitude des choses humaines ! patronnez donc une illustre entreprise, pour être ensuite traité d'une façon aussi cavalière ! C'est véritablement vexatoire.

Quoiqu'il en soit, on ne s'explique pas facilement pourquoi les ingénieurs de la compagnie ont donné l'ordre d'empêcher le public de regarder, en passant, les travaux du port et du chemin de fer. Qu'on prenne des mesures pour empêcher la foule d'encombrer les lieux où s'exécutent les travaux, ce qui pourrait gêner les ouvriers, cela se comprend, mais un tel inconvénient est-il à redouter, et peut-on craindre que la population se transporte en masse à la Rivière des Galets pour voir fouiller des puits et remuer du sable ? —

Enfin, les choses étant ainsi, il paraît qu'elles ne doivent pas être autrement et, le bon public est prié de fermer les yeux en passant près des lieux où s'exécutent les travaux du port et du chemin de fer : messieurs les illustres Ingénieurs ne veulent pas qu'on les regarde : il peut se rencontrer parmi les curieux quelques mauvaises langues qui se permettraient peut-être de faire des critiques inconvenantes, et de répéter avec M. Jacob que certain tracé est tout à fait pitoyable, oui pitoyable, le mot a été maintenu : il ne faut pas qu'un pareil abus se renouvelle de la part de quelques visiteurs plus ou moins malveillants.

Il faut reconnaître une chose, c'est qu'il s'est passé dans la colonie à propos de l'entreprise du port et du chemin de fer un phénomène étrange et qu'il est bon de signaler. Les colons se sont partagés en trois catégories différentes Il y a eu d'abord les souteneurs, puis les détracteurs, puis enfin ceux qui jugent sans parti pris. et qui ne se décident qu'après mûre réflexion, et d'après les seules considérations de l'intérêt général.

Les souteneurs sont ceux qui ont pensé qu'au moyen de petites combinaisons spéciales, ils parviendraient à prendre leur part dans les trente-quatre millions votés pour l'entreprise du port et du chemin de fer. Le gateau est en effet assez honnête et bon à partager. Chacun des souteneurs en voudraient bien un morceau. Il y a tant de places à donner dans cette vaste entreprise, sans compter les sinécures qu'on pourrait créer pour les amis. Il est naturel que beaucoup d'amateurs se soient précipités à la Curée. Mais hélas! nous l'avons dit, la compagnie a l'air de vouloir se montrer singulièrement économe. Il y a beaucoup d'appelés, mais peu d'élus ; pour quelques rares amis qui ont été, dit-on, très-modestement favorisés, on en a éconduit bien d'autres, on leur a montré les morceaux du gateau, en leur disant comme dans la chanson :

Si ça t' tomb' sous la patte,
Ça n' te l'écrasera pas !
Sur l'air du tra la la la !

Constatons dès à présent que cette première catégorie des souscripteurs s'est immédiatement partagée en deux classes : les satisfaits et les éconduits. Les premiers continuent à chanter la gloire des illustres ingénieurs et les autres qui ne disent plus rien pour le moment, par pudeur ; mais qui ne sont peut-être pas loin de suivre le conseil que Saint-Rémi donnait aux fiers Sicambres, d'adorer ce qu'ils ont brûlé, et de brûler ce qu'ils ont adoré naguère.

Laissons-les, et passons aux individus de la seconde catégorie, c'est-à-dire aux détracteurs de l'entreprise du port et du chemin de fer.

D'abord il est bien difficile de comprendre qu'il se rencontre dans la colonie une série d'individus réellement opposés à la création d'un port et d'un chemin de fer dans le pays ; mais l'intérêt d'une part et l'ignorance de l'autre peuvent servir à expliquer bien des choses.

Toutes les fois qu'un progrès cherche à se réaliser quelque part, on est bien sûr que l'ignorance viendra immédiatement élever sa protestation. Nous avons entendu dire que lorsqu'il s'est agi de faire passer le chemin de fer dans les environs de Bordeaux, le bon vieux curé d'un village par où devait passer la voie ferrée, assembla ses paroissiens, et leur tint à peu près ce langage :

« Eh bien, mes chers enfants, je vous avais bien prévenus ! Vous n'avez pas voulu m'écouter, et faire pénitence, et voilà que la voiture de satan va traverser votre village. C'est bien fait pour vous, vous aurez à votre porte un embranchement du chemin de l'enfer. ! » —

Ce bon curé était de bonne foi ; mais pouvons-nous en dire autant de ceux qui s'opposent aujourd'hui à la création d'un port et d'un chemin de fer à Bourbon ? — Non ! L'intérêt personnel les aveugle, et ils profitent de l'influence qu'ils peuvent avoir sur certains imbéciles pour faire une opposition qui n'a pas l'ombre du sens commun. Malgré tous leurs efforts, ils n'empêcheront pas le progrès de s'accomplir, et le bien général de triompher.

La raison finit toujours par avoir raison, et l'immense majorite des colons qui jugent et agissent sans parti pris, qui mettent l'intérêt général audessus l'intérêt particulier, accepteront toujours, comme un immense bienfait, la construction d'un port et d'un chemin de fer dans le pays; et ils ne marchanderont pas leur reconnaissance aux administrateurs qui auront amené à bonne fin cette grande et patriotique entreprise. Ajoutons qu'en les entourant de leur chaleureuses sympathies, ils ne croiront pas pour cela devoir renoncer à leur dignité personnelle et s'aplatir devant eux.

En faisant ces réflexions, Pa-Pierre Louis suivait le chemin qui mène à la Possession où il rencontra un vieillard, courbé sous le poids des années, qui suivait la même route que lui.

— Mon brave dit, Pa-Pierre Louis en s'approchant du voyageur, vous paraissez bien fatigué, ..

votre visage porte les traces du chagrin ; je vois des larmes dans vos yeux. Si votre douleur n'a pas une cause secrète, dites moi ce qui fait votre chagrin, souvent le mal qui se porte à deux s'allège de moitié.

— Hélas ! répondit le vieillard, j'arrive de Saint-Paul où j'ai rendu les derniers devoirs à mon fils unique, victime du plus affreux accident, et je me rends à Saint-Denis pour demander la justice des tribunaux, n'ayant pas pu l'obtenir de la commisération de la compagnie du port et du chemin de fer.

— Une compagnie financière qui vient dans un pays pour faire des affaires, et dont le but principal est de réaliser le plus de bénéfices possibles, est un être moral qui n'a pas besoin d'être doué de cet organe vulgaire qu'on appelle le cœur, au moyen duquel on fait de si belles choses, mais qui ne pourra jamais entrer dans aucun système de comptabilité régulière. C'est ce qu'il ne faut pas oublier, mon brave homme.

— Je le sais bien, dit le vieillard, en essuyant une larme du revers de sa main, et mon histoire que je vais vous raconter en est bien la preuve.

Accablé par les infirmités de l'âge après avoir travaillé toute ma vie, de ce travail colonial qui ne donne strictement que les besoins de chaque jour, je vis sur un petit terrain de la montagne dont le propriétaire généreux me donne gratuitement la jouissance. Ma vieille épouse m'aide à parcourir doucement le chemin qui nous reste à faire pour arriver à la tombe. Nous n'avions qu'une seule ressource au monde, un fils unique, âgé de vingt-cinq ans, fort et laborieux dont le travail subvenait aux besoins de notre existence. Le pauvre enfant gagnait un salaire de trois francs par jour, qu'il venait toutes les semaines jeter dans le tablier de sa mère. Il ne reviendra plus : je viens de déposer sa dépouille mortelle dans le cimetière de Saint-Paul. Il a été écrasé, broyé, hideusement mutilé en mettant le feu à des mines pratiquées dans la falaise pour faire le tunnel où doit être établi le chemin de fer qui mènera de Saint-Denis à la Pointe des Galets.

Notre enfant s'appelait Jean, comme moi-même, c'est un nom vulgaire qui ne porte pas toujours bonheur, fût-on roi de France ou fils de corroyeur ! Quand il venait nous voir le dimanche, je lui disais : Jean, mon ami, tu es employé aux travaux du port et du chemin de fer ; c'est bien ! tu auras là du travail rémunérateur pour long-temps ; mais il faut bien prendre garde, mon enfant, si tu travailles aux mines de ne pas t'engager à faire partir ces espèces de mines à l'épinglette auxquelles on ne met pas de mèches et qui se tirent au moyen d'une traînée de poudre placée sous un bouchon de paille. Ce systéme est excessivement dangereux, les gens du métier connaissent cela et emploient des mèches spéciales et préparées avec soin, qui coûtent cher, mais avec lesquelles la vie des mineurs ne court presque plus de danger. —

Jean me répondait : Père, il ne faut pas avoir peur ; j'ai bon pied, bon œil, je suis leste et adroit, et d'ailleurs les agens de la compagnie qui conduisent les travaux sont des gens habiles et prudents qui prennent toutes les précautions nécessaires pour éviter les accidents !

Vous le voyez ! dit le veillard en regardant Pa-Pierre Louis : On compte déjà plusieurs victimes depuis le commencement de ces travaux du tunnel, si cela continue de la même manière, si l'on ne prend pas plus de précaution, le martyrologe des ouvriers du chemin de fer sera long et volumineux.

Certes, dit Pa-Pierre Louis, on ne peut pas

reprocher à la compagnie des malheurs qu'elle est la première à déplorer, et dont elle ne peut nullement avoir la responsab ilité morale; mais il n'en est pas de même de la responsabilité matérielle qui doit lui incomber. Elle doit nécessairement réparer le préjudice éprouvé par son fait, et à l'occasion des travaux qu'elle fait, exécuter et qu'elle doit surveiller de telle manière que les accidents ne soient pas possibles. Or les accidents sont très-nombreux. L'action en dommages-intérêts est ouverte contre la compagnie, ipso facto, toute fois qu'un sinistre se produit. La présomption légale existe contre la compagnie et non contre la victime d'un accident, parce qu'on ne doit pas supposer qu'un malheureux a été se faire tuer par plaisir et que le sentiment naturel de la conserva tion ne lui a pas fait prendre toutes les précautions en son pouvoir pour éviter le danger C'est à la compagnie qu'incombe le devoir de veiller sur la vie des ouvriers qu'elle emploie, elle doit, avant tout, prouver qu'elle a rempli cette obligation; cette preuve lui incombe. Elle n'est pas fondée a dire à ceux qui demandent des dommages-intérêts, que c'est la victime qui a eu tort, en commettant une imprudence ou en ne suivant pas les réglements voulus. Non ! il faut que la compagnie attaquée devant les tribunaux prouve l'imprudence de la victime et établisse ainsi que les chefs directeurs de la compagnie ont pris toutes les précautions voulues pour prévenir et empêcher les accidents. Les tribunaux doivent être sévères, et ils doivent peser dans leur justice la position immense d'une compagnie financière qui remue des millions, et le dénuement absolu d'une famille réduite à la misère par la mort de celui qui la soutenait de son travail.

— A l'amiable, dit Pa Pierre Louis au vieillard, la compagnie du chemin de fer a du vous accorder, une juste et convenable indemnité.

— Je croyais avoir eu l'honneur de vous dire, répondit le père Jean, que je me rends à Saint-Denis pour m'adresser à la justice, et je demande pour cela le bénéfice de l'assistance judiciaire. Il est bon que je vous explique ici ce qui s'est passé. Après la mort de mon fils, ma pauvre vieille femme, folle de douleur, et réduite au désespoir, a cru devoir faire une démarche à Saint-Denis, auprès des administrateurs de la compagnie, pour leur expliquer notre triste position.

Elle s'est donc rendue au bureau de la direction, et a fait connaître humblement le but de son voyage. Ces messieurs l'ont écoutée d'un air distrait, ils étaient fort occupés, ils n'avaient pas le temps d'écouter les plaintes d'une pauvre vieille femme qui venait pleurer en disant que son fils, son seul soutien, venait de mourir, affreusement mutilé au service de la compagnie. — Vraiment ces financiers peuvent-ils être dérangés pour de semblables questions ? Un homme est mort, il a été tué, tant pis pour lui, pourquoi n'a-t-il pas fui le danger ? — D'ailleurs, ce sont les inconvénients du métier : on est payé pour cela ; on gagne trois francs par jour ! si la compagnie était obligée de payer une indemnité toutes les fois qu'elle gâte un homme, qu'elle l'estropie, ou le fait passer de vie à trépas, elle aurait pardieu fort à faire ! —

Voilà à peu près le langage que les commis de bureau plus royalistes que le roi adressèrent à la pauvre mère de Jean ; cependant il faut reconnaître que les chefs plus humains ou plus généreux lui donnèrent libéralement la somme de vingt francs, en lui disant de repasser plus tard et qu'on s'occuperait de son affaire. Huit jours après, la pauvre femme est revenue et on lui a remis la somme de deux cent cinquante francs pour solde de tout compte.

Ne pensez-vous pas, dit le vieillard, qu'une semblable indemnité est parfaitement dérisoire, et qu'elle ressemble plus à une aumone qu'à la juste réparation du préjudice que nous avons éprouvé ? Les tribunaux ont déjà été appelés à se prononcer dans des circonstances analogues. On se rappelle le jugement rendu contre la compagnie Fives-Lilles à la suite de l'accident survenu au bout du pont en fer du Barachois.

Certes, dit le bonhomme Jean, nous n'avons pas l'intention de profiter d'un malheur pour nous enrichir et gagner de l'argent, il ne faut pas que la compagnie puisse dire que nous avons voulu pratiquer à son égard un odieux chantage ; mais il ne faut pas non plus qu'elle prétende nous faire l'aumone, quand nous avons droit à une juste indemnité.

Ces messieurs pensent être quittes envers nous parce qu'ils ont pris, disent-ils leurs précautions, singulières précautions qui ne prouvent qu'une chose, c'est qu'on peut être de fort habiles ingénieurs en restant complètement étrangers aux notions les plus vulgaires de la justice et du droit. Voici comment ils ont procédé : on a remis à ma femme la somme deux cent cinquante francs et on lui a dit de signer un reçu dans lequel elle renonce à toute réclamation ultérieure, pour cause de dommages-intérêts résultant de la mort de son fils.

Madame Jean ne sait pas signer, mais qu'importe ! on lui a fait faire une croix ; puis on a appelé deux passants pour constater la chose.

Et après un acte pareil, la compagnie se croit parfaitement en règle. Quelle agréable plaisanterie ! Ces messieurs ne savent probablement pas que le consentement des personnes qui ne savent pas signer doit être constaté par des officiers ministériels désignés par la loi.? ils n'ont donc pas entendu parler de l'institution des notaires dans les pays civilisés. Ils ne savent donc pas que l'intervention de ces officiers ministériels est exigée par la loi, comme une garantie que les contractants illétrés ont bien compris ce á quoi ils s'engagent ?

S'ils savent tout cela, s'ils savent que la femme mariée ne peut contracter sans l'autorisation de son mari, comment se fait-il que messieurs les ingénieux pensent avoir fait quelque chose de sérieux, en faisant faire une croix sur un inutile morceau de papier, par une pauvre vieille femme illétrée qui se trouve du reste en puissance de mari ?

Tout ce que vous me dites-là me parait bien extraordinaire, dit Pa-Pierre-Louis au bonhomme Jean, il faut penser qu'on vous rendra justice, et que la direction de la compagnie elle-même ne manquera pas de reconnaître le droit que vous avez à une indemnité raisonnable. — Ainsi soit-il ! répondit le vieux Jean.

En achevant cette conversation, les deux voyageurs arrivés sur la plage de la Possession s'embarquèrent sur le petit bateau à vapeur qui se rend tous les jours à Saint-Denis, où il arrive ordinairement à cinq heures du soir, à moins qu'il n'arrive qu'à huit heures, comme il y a quelques jours, le charbon ayant manqué pendant la traversée. On se demande comment le charbon peut manquer à bord de ce petit bateau qui est soumis à un règlement particulier, sous la surveillance du capitaine de port. On comprend un retard de quelques minutes, par suite de force majeure, mais un retard de plusieurs heures provenant de la négligence du conducteur, cela nous paraît un peu abusif, et mérite l'attention de qui de droit.

Cette malheureuse industrie des bateaux de la Possession joue de son reste, et va complètement disparaître dans un avenir prochain, ce n'est pas dommage, le voyage par les bateaux à rame, avec le halage sur les galets et les rameurs nus chantant des chansons obscènes, nous ont toujours semblé peu dignes d'un pays civilisé: le petit bateau à vapeur est un progrès, mais il a besoin d'être surveillé. Dans quelques années sans doute, il ne sera plus question de ces bateaux, le chemin du littoral a porté un premier coup à cette industrie, le chemin de fer la fera disparaître entièrement. En attendant il serait toujours bon de faire exécuter les règlements.

Saint-Denis, le 25 octobre 1878.

V. G.

(A continuer.)

www.ingramcontent.com/pod-product-compliance
Lightning Source LLC
LaVergne TN
LVHW020308230826
846091LV00006B/2596

* 9 7 8 2 0 1 3 4 2 5 4 6 9 *